Barbara Miele

L'ACQUA CHE CURA

Manuale di idroterapia per il cavallo

L'Arca Communication

Introduzione

L'acqua è l'elemento dominante sulla Terra. Mari, fiumi, laghi occupano il 70% della superficie del pianeta e anche il nostro corpo è composto per la maggior parte da questo elemento. Il trasparente liquido ci avvolge già prima della nascita, nel ventre materno, proteggendoci. Anche la vita sul nostro pianeta sembra sia iniziata negli oceani per poi evolversi solo successivamente sulla terra ferma. L'acqua è quindi il nostro elemento, condizione indispensabile perché la vita possa esistere. Nutre, purifica, rinfresca, pulisce. Permette agli alberi e alle coltivazioni di crescere e agli animali so vivere. E' la sostanza in assoluto più compatibile con gli esseri viventi, ma i suoi benefici sono ancora troppo spesso sottovalutati. Eppure, a livello istintivo, sia gli Esseri Umani che gli animali conoscono i benefici e il sollievo che l'acqua produce. A chi di voi non è capitato di mettere la mano sotto il rubinetto dell'acqua dopo un'ustione o di passare un cubetto di ghiaccio sulla puntura di un insetto? Anche i cavalli, istintivamente, cercano refrigerio nell'acqua per abbassare la temperatura del corpo nelle giornate torride e non di rado mi è capitato di vedere soggetti colpiti da laminite cercare sollievo e refrigerio nel fango o in una pozzanghera.

In questo manuale ci occuperemo dell'acqua e dei suoi poteri terapeutici nella cura di traumi, ferite contusioni, contratture e problemi di varia natura nel cavallo. Il suo utilizzo potrà coadiuvare, rafforzare e in alcuni casi sostituire le terapie tradizionali, a costo zero, con un'enorme facilità di utilizzo e senza gli effetti collaterali tipici dei farmaci. Tuttavia, è sempre consigliabile consultarsi con il proprio veterinario di fiducia, che è la persona più indicata per formulare una diagnosi e prescrivere la cura.

Campi di applicazione

L'effetto benefico dell'acqua può essere utilizzato con successo nella cura di molteplici problemi fisici legati all'attività sportiva o alla gestione del nostro amico a quattro zampe. Un calcio, una storta, uno stiramento muscolare, una tendinite possono in ogni momento mettere a repentaglio l'integrità fisica del nostro cavallo e la sua capacità di svolgere il lavoro che è chiamato a fare.

L'idroterapia svolge un ruolo fondamentale nella fase acuta immediatamente successiva al trauma o all'evento, ma riveste allo stesso modo una funzione importante nella cura dei sintomi durante la fase sub acuta e permette di risolvere problematiche permanenti dovute al cronicizzarsi dello stato infiammatorio a distanza di settimane o mesi dal l'evento traumatico.

Possono, e devono quindi essere trattati con tempestività sia i problemi di lieve entità (traumi distorsioni, infiammazioni, rigidità muscolari, contratture, colpi di calore e irritazioni cutanee) che quelli più gravi e invalidanti (tendiniti, lesioni ai legamenti, sobbattiture e piccole fratture).

L'idroterapia possiede infatti poteri analgesici e antiinfiammatori, utili a dare sollievo dal dolore nella fase immediatamente successiva all'evento traumatico, limitando i danni sottocutanei, in attesa del veterinario.

Le sue possibilità di utilizzo sono però pressoché infinite e prive di effetti collaterali, e non si limitano al trattamento di pronto soccorso.

Il trattamento con l'acqua, a diverse temperature è infatti anche un ottimo coadiuvante nella cura dei traumi nella loro fase subacuta, permette di accelerare la guarigione stimolando un più rapido ricupero della funzionalità fisica e limita la formazione di tessuto cicatriziale nella parte coinvolta.

Nella fase ormai cronica, quando i tessuti coinvolti hanno modificato la loro struttura per adattarsi alla nuova situazione l'idroterapia aiuta a ripristinare al loro interno le condizioni necessarie alla rigenerazione cellulare e stimolando la circolazione sanguigna, incrementa l' apporto di nutrimenti e ossigeno, aiutando il drenaggio dei fluidi nei tessuti che causano gonfiore e edema.

Cosa succede nel corpo del cavallo quando avviene un trauma

Il corpo del nostro cavallo è costituito da una arte scheletrica dotata di articolazioni alla quale sono fissati i muscoli attraverso tendini e legamenti. Tutto il sistema è attraversato da vasi sanguigni e linfatici, che provvedono al nutrimento dell'organismo attraverso il sangue e all'eliminazione di tossine attraverso il sistema linfatico. L'intera area è riccamente innervata e i nervi periferici comunicano costantemente con il sistema nervoso centrale situato nella corda spinale. La comunicazione costante tra i due sistemi nervosi invia segnali a tutti i tessuti e agli organi del corpo del cavallo, mantenendone e regolandone le funzioni e segnalando (attraverso il dolore) quando insorge un problema.

Per capire meglio come l'acqua apporta beneficio è utile sapere cosa avviene all'interno del corpo del nostro cavallo quando avviene un trauma. I sintomi esterni che vi faranno capire che c'è un problema sono di solito zoppia o rigidità (che indica, a seconda della sua intensità, il grado di dolore che il cavallo prova), gonfiore e calore della parte interessata. Più evidenti sono i sintomi, più il problema è serio o esteso.

All'interno del corpo del cavallo, in seguito all'evento traumatico le terminazioni nervose coinvolte inviano segnali al sistema nervoso centrale sotto forma di dolore, nei tessuti coinvolti, siano essi muscoli, tendini o legamenti si verifica un versamento di sangue e fluidi (che provocano il gonfiore) e il corpo reagisce all'infiammazione producendo calore nell'area circostante.

Ogni alterazione nella dolorabilità, temperatura, consistenza, texture e anatomia di una qualunque parte visibile del vostro cavallo indica che un problema è in atto negli strati più profondi.

Effetti dell'idroterapia

Ogni volta che eseguiamo una seduta di idroterapia, sia che utilizziamo acqua calda o fredda, otteniamo un duplice effetto.

La prima, immediata reazione nel corpo del cavallo avviene durante il trattamento. Se la temperatura dell'acqua non supera i 15 gradi la risposta consiste nel raffreddamento della parte trattata ed ha come effetto il contenimento e/o la diminuzione dell'infiammazione. Se il trattamento è effettuato con liquido freddo avviene una reazione di vasocostrizione con conseguente inibizione della fuoriuscita di sangue e fluidi sottocutanei che provocano edemi e ematomi e le terminazioni nervose vengono in qualche modo addormentate e rallentano il processo di trasmissione delle informazioni al sistema nervoso centrale, dando al cavallo sollievo dal dolore.

Al termine del trattamento il corpo del cavallo sottoposto a idroterapia reagisce per riportare le normali condizioni di temperatura nella parte sottoposta a trattamento con un incremento dell'irrorazione sanguigna e un maggior apporto di nutrienti (ossigeno) e un incremento dell'attività del sistema linfatico che provvede al drenaggio naturale delle scorie e degli edemi.

Se invece utilizzeremo dell'acqua tiepida o calda avremo un'immediata reazione di vasodilatazione e un successivo effetto calmante e di rilassamento.

Gli effetti dell'idroterapia possono essere variati e modulati in maniera specifica a seconda delle esigenze e possono essere ottenuti effetti molto diversi tra loro a seconda della temperatura di utilizzo dell'acqua, della durata e della frequenza dei trattamenti. Si otterrà però sempre un duplice effetto sulla parte trattata: una prima durante il trattamento e una seconda successivamente, come reazione del corpo al trattamento stesso.

Esiste infine un terzo effetto, ottenibile se l'idroterapia viene applicata a pressione, ad esempio attraverso un normale tubo da giardinaggio per l'irrigazione, ed è quello della stimolazione del drenaggio degli edemi da parte del sistema linfatico, che, in alternativa, può essere ottenuto con un massaggio manuale della parte interessata a effetto drenante.

Facciamo un esempio pratico. Come trattamento di pronto soccorso immediatamente successivo ad un trauma eseguiremo una sessione di idroterapia fredda. Utilizzeremo un semplice tubo per l'irrigazione, con acqua ad una temperatura di 5-15 gradi per circa 10 minuti. Durante questo lasso di tempo la temperatura fresca dell'acqua raffredderà la parte interessata inibendo le terminazioni nervose che trasmettono segnali di dolore, dando sollievo al cavallo. Contestualmente si avrà un effetto di vasocostrizione che apporterà minor quantità di sangue alla parte interessata, contenendo così il versamento di sangue e fluidi all'interno dei tessuti e diminuendo la risposta infiammatoria dell'organismo. Sostanzialmente avverrà nella parte interessata una inibizione (rallentamento) temporanea delle attività dei tessuti volta a contenere i danni causati dal trauma, diminuire il dolore e ridurre la risposta dell'organismo all'infiammazione.

Il trattamento idroterapico continua però i suoi effetti anche dopo il termine dell'applicazione. L'organismo risponde infatti al trattamento con un incremento dell'attività sanguigna (vasodilatazione) volto a riportare la temperatura della parte trattata a valori normali. Questo aumentato flusso sanguigno in realtà contribuisce a curare le lesioni attraverso un maggior afflusso di sangue ricco di nutrienti e ossigeno, che svolge un ruolo importante nella cura del trauma e alla rigenerazione dei tessuti. Contestualmente anche il sistema linfatico viene riattivato e provvede con maggior efficienza al drenaggio di edemi, e scorie. In parole povere, il raffreddamento del corpo elimina i segnali di stress e di "allerta" all'interno del corpo del cavallo, permettendo il ripristino, e l'incremento, delle attività di riparazione e "autoguarigione" dei tessuti.

Le variabili nell'applicazione dell'idroterapia

L'idroterapia, come già detto, è un valido aiuto sia come trattamento di pronto soccorso di traumi, sia nella fase sub-acuta durante la quale inizia il processo di rigenerazione dei tessuti, come pure in caso di riacutizzazione di problemi di varia natura ormai in fase cronica. I suoi effetti sono diversi a seconda della temperatura di utilizzo dell'acqua, della durata e della frequenza del trattamento.

Il ghiaccio e l'acqua fredda vengono utilizzati subito dopo il trauma per bloccare l'emorragia sottocutanea. prevenire l'edema e sono utili anche nel riacutizzarsi di vecchi traumi per ridurre infiammazione e dolore.

Impacchi e trattamenti caldi sono invece indicati nelle fasi post acute di traumi, e si rivelano inoltre eccellenti metodi di prevenzione degli infortuni e di mantenimento di un'ottimale condizione muscolare. L'acqua calda ha un immediato effetto di vasodilatazione e un successivo effetto calmante e rilassante dei tessuti.

Più estrema è la temperatura dell'acqua (calda o fredda) più corta deve essere la durata dell'applicazione. Una temperatura dell'acqua più moderata permetterà una durata della terapia più lunga.

Anche la frequenza con cui si sottopone il cavallo al trattamento idroterapico ha un'influenza sul risultato. Le applicazioni possono essere ripetute da 2 fino a 4-5 volte in un giorno per i casi più gravi o nella fase acuta, a intervalli di almeno due ore l'una dall'altra.

La terapia del freddo

L'acqua fredda e il ghiaccio stimolano la vasocostrizione. I capillari superficiali si restringono portando una minor quantità di sangue nelle aree sottoposte a trattamento con un contenimento o una diminuzione dell'edema. Il freddo inibisce inoltre le terminazioni nervose, dando sollievo dal dolore. Quando il corpo, successivamente al trattamento riacquista la sua temperatura avviene un effetto secondario: i capillari si espandono, aumentando l'afflusso del sangue nelle zone più superficiali del corpo, che vengono così maggiormente irrorate.

Se gli impacchi con acqua fredda o ghiaccio vengono applicati su una grande superficie del corpo dell'animale, la reazione di vasodilatazione conseguente al trattamento aumenta l'attività cardiaca, stimola i muscoli a contrarsi, stimola il sistema nervoso, rallenta e rende più profonda la respirazione.

L'acqua fresca produce gli stessi effetti del ghiaccio, ma in maniera meno intensa e immediata e richiede quindi trattamenti di una durata maggiore per essere più efficace.

Il ghiaccio stimola il corpo a produrre endorfine, che controllano e limitano il dolore.

L'utilizzo della terapia con ghiaccio o acqua fredda si rivela utile nei seguenti casi:

- fase acuta post traumatica

- fase cronica di artriti, borsiti, tendiniti

- riduzione di spasmi muscolari

- Assorbimento di calore da aree irritate o infiammate

- diminuire o contenere l'infiammazione

Temperature e relativa durata del trattamento

Ghiaccio (-0°C)	su aree estremamente sensibili 15-60 secondi per la prima applicazione, in seguito max. 2-3 minuti Su altre aree 3-5 minuti
Acqua Fredda (da 4,4°C a 15,5 °C)	da 3 a 10 minuti
Acqua Fresca (da 16,0°C a 23.0 °C)	da 10 a 30 minuti

Attenzione: non applicare mai il ghiaccio su una ferita aperta per una durata superiore ai 10 minuti in quanto un raffreddamento troppo intenso della parte trattata potrebbe interferire con la coagulazione del sangue.

Strumenti per l'applicazione a freddo

Borsa del ghiaccio

ghiaccio in gel

doccia fredda

stivale

Bendaggio immerso in acqua e posto in congelatore

spugnature

piscina

idromassaggio

massaggio con una tazzina piena di ghiaccio (massaggi circolari da effettuarsi direttamente con il ghiaccio per 2-5 minuti sull'area interessata con movimenti di 4 secondi a circolo. Far seguire da un massaggio a sfioramento e delicato impastamento).

La piscina e l'idromassaggio non sono alla portata di tutti, e restano appannaggio di strutture altamente specializzate nella riabilitazione del cavallo i cui costi sono spesso elevati. Il loro utilizzo si rivela utilissimo per la riabilitazione fisica del cavallo dopo un trauma perché consente di far lavorare la muscolatura senza sovraccaricare l'apparato scheletrico, tendineo e legamentoso.

Lo stivale rimane un'ottima alternativa, anche se non proprio a buon mercato. Il suo costo si aggira intorno ai 3000 Euro, possiedono tutti la funzione di idromassaggio e alcuni sono dotati addirittura di ionizzatore e distributore di ozono, che amplificano e potenziano i risultati della terapia.

Personalmente ritengo validi anche tutti gli altri strumenti, che sono alla portata di ogni portafoglio. Nella peggiore delle ipotesi, un secchio pieno di acqua e ghiaccio nel quale immergere l'arto o con il quale fare delle spugnature sulla parte lesionata faranno perfettamente al caso vostro.

Consiglio:

Tenete sempre in congelatore una certa quantità di ghiaccio. Sarà utile, e pronto all'uso, in caso di emergenza. Potete riempire alcune bottiglie di plastica, che taglierete per liberare il ghiaccio prima dell'utilizzo o i classici cubetti di ghiaccio nei quali avrete inserito uno stecco da gelato o uno stuzzicadenti. Questo accorgimento vi permetterà di massaggiare direttamente la parte da trattare senza congelarvi le dita.

La terapia del caldo

L'idroterapia con acqua calda viene solitamente utilizzata nella fase cronica post traumatica, ma i suoi effetti benefici la rendono perfetta anche in fase di prevenzione di contratture e accumuli di acido lattico nel cavallo sportivo.

I principali benefici del suo utilizzo sono i seguenti:

- Vasodilatazione, che apporta maggior numero di nutrienti e di ossigeno attraverso il sangue ai tessuti.

- Riduzione di spasmi e crampi o fatica muscolare, tendinea e dei legamenti

- Eliminazione delle tossine

- Riscaldamento e preparazione dell'area al massaggio

- Rilassamento dei tessuti

- Stimolazione del metabolismo

- Riduzione della pressione sanguigna

Principali utilizzi della terapia con acqua calda:

- Contusioni

- Distorsioni

- Fase sub acuta dopo un trauma

- Fase cronica dopo un trauma

- Rigidità nei cavalli anziani

- Contratture muscolari

Temperatura e relativa durata delle applicazioni

Tiepida (da 29,0°C a 35.0 °C)	da 10 a 30 minuti
Calda (da 32,2°C a 38 °C)	da 3 a 10 minuti
Bollente (da 38°C a 48 °C)	Prima applicazione su aree estremamente sensibili – 15-60 secondi applicazioni seguenti 2 minuti

La temperatura delle applicazioni bollenti dovrebbe sempre mantenersi tra i 5 e i 12 gradi superiore alla temperatura corporea del cavallo, che è di circa 38°C. Quindi applicazioni con temperatura tra i 43 e i 50°C sono sicure e non ustionanti per la cute. Dotatevi di un termometro per stabilire con esattezza la temperatura dell'acqua ed evitare ustioni.

Impacchi caldi (fino a 38°C) devono avere una durata lunga. Tra 10 e 20 minuti, mai più di 30.

Una temperatura superiore ai 48°C può essere utilizzata solo per pochi secondi (tra 5 e 15 al massimo).

In caso di impacchi bollenti è necessario stabilire con esattezza la durata del trattamento. Una durata troppo lunga o troppo calore possono irritare le terminazioni nervose e provocare nevralgie. Se avete il sospetto di averla provocata, utilizzate immediatamente impacchi freddi per inibire le terminazioni nervose e diminuire il dolore.

Strumenti per l'applicazione a caldo

- Borsa dell'acqua calda

- Cuscino elettrico

- Lampade infrarossi

- Stracci umidi e caldi

- poltiglie applicate come impacco generano calore (argilla, semi di lino, mostarda)

- Piscina o idromassaggio con acqua tiepida-calda

- Doccia con acqua calda

Le lampade ad infrarossi sono utili ma costose; il cuscino elettrico è una valida alternativa ma il cavo elettrico di collegamento potrebbe rappresentare un pericolo se il vostro cavallo dovesse spaventarsi o muoversi improvvisamente. Personalmente preferisco, quando possibile, strumenti di applicazione che generino non solo calore ma anche umidità (per esempio stracci umidi e caldi o la doccia con acqua calda). L'umidità potenzia infatti gli effetti del calore, veicolandolo più in profondità negli strati dei tessuti.

La terapia del flush up

Il flush up altro non è che l'applicazione alternata di caldo e freddo. Viene utilizzata soprattutto nel caso in cui un vecchio trauma ormai in fase cronica si riacutizza provocando dolore e infiammazione, o nelle fasi che seguono la fase acuta immediatamente successiva all'evento traumatico. La terapia alternata con acqua calda e fredda stimola l'intero processo di rigenerazione cellulare e di drenaggio dei liquidi, attraverso l'aumento della circolazione sanguigna. I vasi sanguigni periferici si contraggono ed espandono portando una maggiore quantità di sangue nella zona trattata, che nella fase cronica di un trauma è spesso scarsamente irrorata, con conseguenti ristagni di fluidi e presenza di tessuto cicatriziale. Gli impacchi caldo-freddi vanno alternati sulla cute del cavallo ad intervalli di 2-3 minuti per una durata complessiva di trattamento di 10-15 minuti.

Nella fase sub-acuta successiva ad un evento traumatico la terapia del flush-up va sempre iniziata e terminata con acqua fredda. In questa fase infatti è necessario innanzitutto inibire il dolore per poi riattivare successivamente la circolazione sanguigna e il processo di scambio e di eliminazione delle tossine nei tessuti.

Nella fase intermedia tra sub-acuta e cronica inizieremo invece il trattamento con un impacco caldo, che rilassa i tessuti e riattiva immediatamente la circolazione, contribuendo al processo di smaltimento dell'edema, proseguiremo con un massaggio drenante con sfioramenti in direzione del cuore e lo termineremo con un impacco freddo che darà sollievo ai tessuti lavorati in profondità.

Trattamento dei traumi: la fase acuta, subacuta e cronica con le varie fasi intermedie

Subito dopo il trauma siamo in presenza di una fase acuta, alla quale segue una fase post acuta ed una cronica, con varie fasi intermedie. Vediamo nel dettaglio come trattare con l'aiuto dell'idroterapia le singole fasi.

Fase acuta:

Si verifica nel momento dell'evento traumatico e prosegue per le 24 ore successive. E' il momento in cui il cavallo prova maggiormente dolore e durante il quale avviene un 'emorragia sottocutanea conseguentemente all'urto o alla lesione. L'applicazione immediata di acqua fredda e/o ghiaccio aiutano a diminuire il dolore (inibizione delle terminazioni nervose) e contengono l'emorragia nei tessuti. Ogni singolo trattamento deve durare tra i 5 e i 20 minuti (a seconda se si utilizza ghiaccio, acqua e ghiaccio o acqua fresca) e può essere ripetuto più volte al giorno, a distanza di 2-3 ore. Dopo il trattamento di idroterapia un massaggio drenante accelererà il processo di guarigione (lo spiegheremo dettagliatamente in un capitolo successivo). Nonostante il raffreddamento della cute diminuisca la sensibilità e il dolore, non sempre il cavallo nella fase acuta vi permetterà di massaggiarlo; in questo caso sarà sufficiente appoggiare con delicatezza entrambe le mani sulla arte dolorante; questo semplice gesto riuscirà a dare un po' di sollievo al cavallo. Dopo il massaggio applicare altro ghiaccio o acqua fredda. La durata di ogni singolo trattamento dipende dalla temperatura dell'acqua: più è fredda più il trattamento sarà breve.

E' consigliabile effettuare più trattamenti nell'arco delle prime 24 ore per prolungare l'effetto lenitivo del dolore dato dalla temperatura fredda dell'acqua. Potrete trattare il vostro cavallo con l'idroterapia diverse volte nell'arco delle 24 ore, dando il tempo alla parte trattata di ripristinare le normali condizioni di temperatura e vascolarizzazione (2-3 ore)tra un trattamento e l'altro. Privilegiate nella fase acuta frequenti docce fredde (fino a 6-8 in un giorno) di massimo 10 minuti ognuna.

Fase intermedia tra acuta e sub-acuta: (tra le 24 e 48 ore dal trauma). Applicare innanzitutto un impacco freddo per 3 minuti, subito dopo uno caldo per 2 minuti. Ripetere il ciclo per 3 volte, fino a 4-5 volte nell'arco delle 24 ore. Finire SEMPRE con impacco freddo per due minuti.

Fase sub-acuta*:*

tra 24 e 72 ore dal trauma. Se immediatamente trattati, i tessuti coinvolti nel trauma si sono stabilizzati e l'emorragia sottocutanea si è fermata. Il dolore è ancora presente ma in maniera meno intensa. Utilizzare impacchi alternando caldo e freddo per attivare la vasodilatazione e costrizione e accelerare il flusso sanguigno e l'assorbimento dell'ematoma, proseguire con un delicato massaggio drenante e terminare il trattamento con l'applicazione di ghiaccio o acqua fredda (che danno sollievo ai tessuti trattati e sollecitati attraverso il massaggio).

Fase intermedia più vicina alla fase cronica: (tra le 48 e le 72 ore dall'evento traumatico). Iniziare applicando impacco caldo per 3 minuti, subito dopo freddo per 2 minuti. Ripetere il ciclo per 3 volte, fino a 4-5 volte al giorno. Finire sempre con applicazione fredda per 2 minuti. Terminare con sfioramenti in direzione del cuore per drenare.

Fase cronica:

dopo le 72 ore dal trauma si entra nella fase cronica, durante la quale i tessuti coinvolti si adattano alla nuova situazione, modificando a volte la loro composizione. Usare impacchi caldi per ammorbidire i tessuti e aumentare la circolazione periferica. Massaggiare effettuando il drenaggio degli edemi ed in seguito applicare impacco freddo per dare sollievo ai tessuti, specialmente se si è lavorato in profondità.

In caso di riacutizzazione di un vecchio trauma, con infiammazione e edema, utilizzare impacchi freddi per dare sollievo ai nervi irritati e aiutare il drenaggio dei fluidi. Impiegare successivamente la terapia caldo-freddo che riattiva la circolazione, terminando sempre con un impacco freddo per due minuti. Scaldare la parte infiammata facendo camminare o girare alla corda il cavallo, in caso di tendiniti utilizzare il massaggio per riscaldare la parte interessata.

Il massaggio drenante a completamento del trattamento

Nella fase acuta post trauma o lesione trattare preventivamente con ghiaccio per 5 minuti, nella fase sub acuta (fino a 72 ore dal trauma) con impacchi caldi e freddi in maniera alternata per 2-3 minuti e nella fase cronica (dopo le 72 ore) con impacco caldo. In seguito trattare la parte intorno al trauma con sfioramenti leggeri (mezzo chilo di pressione all'inizio) per abituare il cavallo al contatto con la parte dolorante. Man mano che il cavallo accetta il contatto applicare una pressione di 1-1,5 chili massimo. Drenare l'edema con la punta dei pollici eseguendo un massaggio ad impastamento eseguendo una spirale che parte dai bordi esterni dell'area che ha subito il trauma, restringere man mano la spirale fino ad arrivare al centro. Il ritmo deve essere di un movimento al secondo. Drenare in seguito il liquido verso l'esterno eseguendo degli sfioramenti che vanno verso l'esterno dell'ematoma e in direzione del cuore. Ripetere alternando ogni singolo movimento di impastamento al drenaggio dei fluidi tramite sfioramento verso l'esterno.

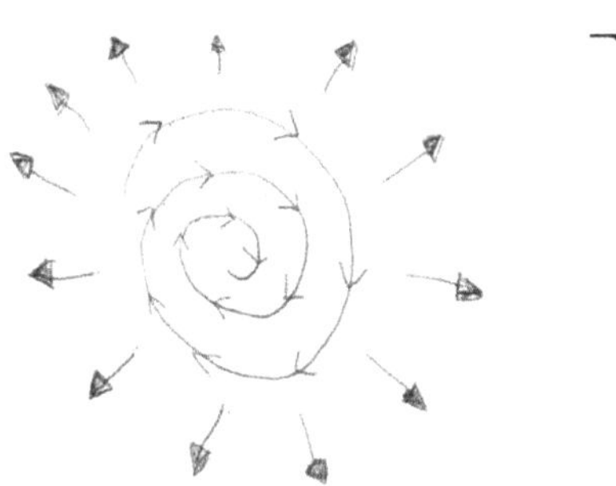

Schema del massaggio drenante

Durata del trattamento: 5 minuti al massimo su una piccola area, 10 minuti al massimo su un'area media, su una superficie molto grande (una gamba intera) la durata del trattamento deve essere al massimo di 20 minuti. Meglio effettuare più trattamenti brevi nell'arco di uno o due giorni, anche tre al giorno ad intervalli di almeno sei ore l'uno dall'altro se l'area è piccola, uno solo se l'area da trattare è molto grande. Concludere il trattamento di drenaggio con una doccia fredda sulla parte sulla quale si è lavorato. Nel riacutizzarsi di un vecchio trauma cronico, agire con l'idroterapia fredda o alternare caldo-freddo.

Breve divagazione sugli impacchi

E' possibile ottenere, o amplificare, l'effetto di decongestione creato dall'acqua fredda e quello di incremento dell'attività vascolare ottenuto con l'acqua calda attraverso l'uso di cretate e poltiglie.

E' il caso dell'argilla, utilissima in caso di contusioni e tendiniti, ma anche di artriti e infiammazioni di varia origine: applicata direttamente sull'arto, con un foglio di giornale bagnato volto a mantenere la parte fresca e umida, amplifica l'effetto drenante dell'idroterapia ed è lenitiva. In commercio se ne trovano di molti tipi, già pronte all'uso. Vanno tenute in posizione, per mezzo di una fascia da riposo in flanella, per 8-12 ore e poi accuratamente sciacquata.

La cipolla, il cavolo verza e il cottage cheese hanno un effetto depurativo dalle tossine e cicatrizzante. Possono essere utilizzati singolarmente o mischiati insieme in parti uguali dopo averli tritati e amalgamati in una poltiglia.

La senape piccante (mostarda) è il miglior trattamento dei problemi articolari: ha un enorme effetto analgesico e stimola l'attività sanguigna dei capillari, apportando una maggiore quantità di sangue nella superficie della cute. Il suo principio attivo è un olio estremamente volatile dall'odore pungente va mischiato con acqua fredda per attenuare i suoi potenti effetti "ustionanti" o con acqua tiepida per potenziarli. Sulla pelle sensibile può essere utilizzata solo se mescolata con farina in parti uguali, che ne mitiga l'effetto irritante. Coprite successivamente l'arto con un bendaggio di flanella, che manterrà il calore sulla cute.

Una mistura di crusca, sale marino, acqua e aceto di mele (crusca e sale in parti uguali, 1/3 di acqua e 2/3 di aceto) è perfetta per togliere le infiammazioni. Si applica come la poltiglia di mostarda.

L'ittiolo è utilissimo per ammorbidire la cute e portare in superficie ematomi, pus e corpi estranei, favorendone la fuoriuscita dal corpo. Massaggiato sull'area da sottoporre al trattamento, provoca un calore simile a quello ottenuto con la terapia del caldo, ma le sue componenti favoriscono in aggiunta la lacerazione della cute.

Esiste in commercio una grande varietà di gel alla canfora o al mentolo, pomate e creme all'arnica o all'artiglio del diavolo che rinfrescano e danno sollievo ai tendini infiammati o accelerano la circolazione. Permettono di ottenere effetti simili a quelli ottenuti con l'idroterapia qualora non sia possibile praticarla immediatamente. La terapia con l'acqua rimane però a mio avviso la migliore: è semplice, di facile applicazione, priva di effetti collaterali ed economica.

Cosa fare in caso di:

contusione

Nella fase acuta (entro le 24 ore) applicare ghiaccio per 2-3 minuti o fare una doccia di acqua fresca per 10 minuti. Ripetere l'operazione a intervalli di 3 ore per 4-5 volte nell'arco della giornata. Nella fase subacuta praticare il flush up iniziando e finendo sempre con acqua fredda. Alternare caldo e freddo ogni 2-3 minuti. Effettuare un massaggio drenante della durata di 5-10 minuti.

Passate le 72 ore dal trauma (fase cronica) praticare il flush up iniziando con acqua calda che scioglie e rilassa i tessuti rendendoli più ricettivi al trattamento) e terminando con acqua fredda.

tendinite

Impacchi di ghiaccio nella fase acuta. Doccia fredda nella fase subacuta. Docce alternate calde e fredde dopo il lavoro nella fase della riabilitazione iniziando e finendo il trattamento con acqua fredda

Flebite – Praticare lunghe docce (20 minuti circa) di acqua fresca (16°C-23°C) possibilmente a pressione moderata (per non irritare ulteriormente) rivolgendo il getto dal basso verso l'alto (in direzione del cuore). Il massaggio è in questo caso controindicato.

artrite cronica

L'artrite cronica si riacutizza periodicamente provocando dolore e infiammazione. Impacchi di ghiaccio daranno sollievo e ridurranno l'infiammazione. In questo caso sarebbe opportuno utilizzare metodi di applicazione indiretti, che non apportino umidità alla parte trattata. L'umidità può infatti peggiorare la sintomatologia. Sono quindi da evitare le docce fredde, preferendo invece la borsa del ghiaccio o un bendaggio con ghiaccio in gel che avrete preventivamente posto in congelatore.

contrattura muscolare

Impacchi caldi sulla parte da trattare, meglio se umidi. Il calore rilassa le fibre muscolari e permette lo smaltimento dell'acido lattico. Completare eventualmente il trattamento con un massaggio.

colpo di calore

Doccia fredda a partire dagli arti inferiori e salendo fino a bagnare tutto il corpo del cavallo. Sarebe utile insistere nella zona della nuca fino a quando la temperatura corporea si sarà abbassata.Permettere al cavallo di bere acqua fresca (non fredda)

puntura d'insetto

Trattare quanto prima possibile la parte con ghiaccio per 2-3 minuti. La sua azione di vasocostrizione dei capillari impedisce all'eventuale veleno di entrare in circolo e circoscrive l'infiammazione. Ripetere il trattamento più volte nelle ore successive. Se il cavallo presenta ponfi su tutto il corpo e cerca di grattarsi una bella doccia fresca inibirà le terminazioni nervose e diminuirà il prurito.

ferita con emorragia

Se l'emorragia non è importante risciacquare abbondantemente con acqua fredda utilizzando una gomma da giardinaggio. La temperatura dell'acqua inibirà la circolazione e arresterà il sanguinamento. Grazie all'acqua la ferita verrà inoltre ppulita da sporcizia e impurità e sarà pronta per la successiva disinfezione e medicazione.

stasi venosa

Si verifica solitamente in seguito a squilibri alimentari, mancanza di movimento e nel caso di vecchi traumi ormai cronicizzati che hanno prodotto tessuto cicatriziale. Sostanzialmente il gonfiore è dovuto ad una cattiva circolazione sanguigna e al ristagno di fluidi, che può essere contrastata con docce alternate di acqua calda e fredda per alcuni minuti ognuna. Durata dell'applicazione 10-15 minuti. Se possibile eseguire un massaggio drenante alla fine del trattamento in direzione del cuore e passeggiare il cavallo.

rigidità nei cavalli anziani

Impacchi o docce calde migliorano la circolazione periferica e sciolgono e rilassano la muscolatura che spesso è contratta per un effetto di "compensazione" a causa di dolori articolari cronici dovuti all'età che avanza.

dermatite estiva

Docce fresche danno sollievo dal prurito. Spugnature con acqua e aceto di mele allontanano temporaneamente gli insetti responsabili dell'allergia.

nevralgia

Impacchi o massaggio con ghiaccio (2-5 minuti, massimo 60 secondi nelle zone sensibili). Inibisce le terminazioni nervose irritate, dona sollievo dal dolore e aiuta il ripristino delle normali funzioni.

trattamento della fattrice dopo lo svezzamento del puledro

Nei primi giorni dopo lo svezzamento del puledro la fattrice si ritroverà con le mammelle piene di latte, gonfie e doloranti. Alcune docce fresche (acqua a circa 15°C) daranno sollievo dal dolore, ridurranno dimensione delle mammelle e permetteranno alla produzione di latte di arrestarsi.

Laminite

In questo caso la terapia più efficace sarebbe quella di portare il cavallo in un fiume e lasciarlo "a mollo" per più ore. Ovviamente questo non sempre è possibile. In alternativa risulta efficace svuotare il box, murare la base con dei mattoni, e riempirlo di sabbia a cui va aggiunta moltissima acqua. I mattoni posti davanti alla porta impediranno all'acqua di defluire e il cavallo potrà rimanere con gli zoccoli al fresco 24 ore su 24. Lunghe docce fredde (30 minuti) a intervalli di mezz'ora l'una dall'altra assicurano sollievo dal dolore e riducono l'infiammazione.

sobbattiture

In fase acuta vanno fatti al cavallo pediluvi con acqua calda e sale. Basta munirsi di un secchio, all'interno del quale si immergerà il piede del cavallo. Il calore generato ammorbidirà la suola e permetterà all'ematoma di affiorare negli strati più superficiali della suola. A questo punto potrà intervenire il maniscalco che, incidendo la suola permetterà a sangue e pus di fuoriuscire. Appena effettuata questa operazione il cavallo verrà portato nelle docce, dove il getto di acqua fredda verrà convogliato sotto il piede fino al termine del sanguinamento.

inchiodature e altre perforazioni del piede

I cavalli riescono a ferirsi nei modi più impensati. Può capitare che, in passeggiata, un chiodo, una spina o altro si infilino sotto lo zoccolo. Dopo aver rimosso, se possibile immediatamente, l'oggetto immergere lo zoccolo in acqua calda e sale, che ammorbidirà la suola e agevolerà la fuoriuscita di impurità che potrebbero causare infezioni.

Controindicazioni all'utilizzo dell'idroterapia

Vietato sottoporre a idroterapia un cavallo che ha la febbre, con temperatura superiore ai 39°C. L' acqua fredda abbasserebbe momentaneamente la temperatura corporea ma la vasodilatazione conseguente al trattamento stimolerebbe un incremento della circolazione sanguigna, portando la temperatura a salire ulteriormente. Coprite piuttosto il vostro cavallo con una coperta leggera in attesa del veterinario.

L'utilizzo dell'idroterapia è controindicato anche nei cavalli con problemi neurologici di natura virale (il tetano per esempio) o ischemica. Le terminazioni nervose già danneggiate potrebbero andare il tilt peggiorando i sintomi della malattia.

In ogni caso, dato che nella maggioranza dei casi utilizzerete l'idroterapia per curare contusioni e traumi di varia entità, è consigliato un consulto con il veterinario, al fine di integrare al meglio la terapia con l'acqua ad eventuali altre cure di tipo convenzionale che egli stesso vi prescriverà.

Un'ultima avvertenza: gli zoccoli dei cavalli, soprattutto quelli fragili, mal sopportano la troppa umidità e con l'impiego regolare dell'idroterapia sulle gambe del vostro cavallo rischiano di indebolirsi. Provvedete a cospargerli con un'abbondante strato di grasso per zoccoli prima di ogni seduta di terapia, che proteggerà parete e suola dall'eccesso di umidità.

Conclusioni

Sarete stupiti nel constatare personalmente i portentosi benefici dell'acqua sul corpo del vostro cavallo.

Ed è lì, sempre a vostra disposizione, con un'estrema facilità di impiego e risultati sorprendenti in tante situazioni differenti.

Soprattutto in occasione di traumi e lesioni di varia natura, la tempestività con cui praticherete i primi trattamenti in attesa del veterinario vi permetterà di limitare i danni sottocutanei, ottenendo una guarigione migliore e più rapida.

Non esitate ad utilizzarla, in quanto con i giusti accorgimenti è praticamente priva di effetti collaterali e voi avrete sempre la possibilità di dare sollievo al vostro cavallo e di contribuire attivamente al mantenimento o al miglioramento delle sue condizioni fisiche con uno sforzo minimo e tanta soddisfazione.

Provare per credere!

Indice

Nota:

I consigli e i suggerimenti contenuti in questo manuale non sostituiscono in alcun modo il parere del vostro veterinario di fiducia, che rimane la figura professionale alla quale fare riferimento per diagnosi e cure.

Concordate e valutate insieme a lui modalità, frequenza e tempi della terapia con l'acqua.

L'Autore e l'Editore non sono responsabili per eventuali danni causati da un errato utilizzo della stessa da parte del lettore.

Se desiderate contattare l'autrice, per domande, curiosità o per sottoporle un caso specifico, potete farlo tramite la sua pagina Facebook "Terapie naturali per il cavallo"

https://www.facebook.com/Terapie-naturali-per-il-cavallo-706658336176782/

Altre pubblicazioni dell'Autrice

Un puledro tutto mio – *Vademecum per l'allevatore "in erba", 2016-L'arca communication*

Educazione e addestramento del puledro – *Dalla nascita alla doma, 2016-L'Arca Communication*

Vecchio a chi? *Trucchi e consigli per la gestione del cavallo anziano, 2017- L'Arca Communication*

Stretching per il cavallo – *Manuale teorico-pratico, 2017- L'Arca Communication*

Zucchero e peperoncino – *La storia vera di Shahzada, piccolo cavallo figlio del vento – Prima Edizione 2008, Nuova Edizione 2017- L'Arca Communication*